SOCIÉTÉ

DES AMIS DE LA LIBERTÉ ET DE L'ÉGALITÉ.

OPINION

DE GEORGES COUTHON,

Député du Département du Puy-de-Dôme,

SUR LE JUGEMENT DE LOUIS CAPET;

Imprimée par ordre de la Convention Nationale,

CITOYENS,

Louis Capet a-t-il conspiré contre la patrie ?
A-t-il tenté de ravir au peuple & sa souveraineté,

& fa liberté, d'avilir & de diffoudre la repréfentation nationale ? Ne s'eft-il pas coalifé avec nos
ennemis intérieurs & extérieurs ? N'a-t-il pas pré-
paré la guerre au-dehors, & fomenté les troubles
au-dedans ? N'a-t-il pas employé les bienfaits d'une
nation trop généreufe, à folder les brigands qui
fe font armés contre elle ? Louis n'a-t-il pas fait
couler le fang ; & cherché à redonner la vie au
monftre du defpotifme, par la mort des plus
ardens défenfeurs de la liberté ? Louis eft né
roi, & l'on fe fait toutes ces queftions.

Oui, citoyens, Louis a été traître, lâche, ingrat,
parjure & fanguinaire, comme le font tous les rois ;
mais le ciel courroucé, regrette enfin d'avoir prêté
fi long-tems fa lumière à des monftres, & la
terre, fouillée de leur préfence, eft laffe de les
porter : il eft un terme fatal à toutes chofes,
celui des crimes de Louis eft expiré, & le jour
d'en faire juftice eft venu.

Mon cœur les a recueillis les cris plaintifs de
ces malheureufes victimes impitoyablement égorgées
à Nancy, à la Chapelle, au Champ-de-Mars,
au Caroufel, aux armées ; je les ai partagées les
larmes déchirantes de ces mères, de ces époufes,
de ces enfans, qui réclament leurs fils, leurs époux,
leurs pères, qui accufent le tyran, furpris le fer

meurtrier à la main, lui demandent compte du sang qu'il a fait répandre, & nous demandent, à nous, justice de ses forfaits.

Cette justice leur est due ; Louis a mérité la mort ; mon avis est qu'il périsse : ce mot terrible me coûte beaucoup à prononcer, mais je fais mon devoir ; j'obéis à ma conscience, & je suis sans remords.

Je ne m'arrêterai pas ici aux moyens proposés par les défenseurs de Louis ; plusieurs de ceux qui ont parlé avant moi, y ont répondu avec succès ; je dirai seulement que je n'ai remarqué dans le plaidoyé prononcé à la barre, que des subtilités & des sophismes ; beaucoup de mots, point de raisons, une finesse de barreau dans la manière de présenter & d'altérer les faits, & de l'immorralité, j'ose le dire, dans le développement de l'inviolabilité constitutionnelle : ainsi, à mon sens, les différens chefs d'accusation contre Louis, restent dans toute leur force.

Mon unique objet est de réfuter une opinion qui a paru faire quelqu'impression dans l'assemblée, & que je crois, moi, aussi erronée dans ses principes, que dangereuse dans ses effets.

Je parlerai sans haine & sans aigreur, contre les personnes, parce que je ne sais haïr que les mauvaises actions. Je m'expliquerai quelquefois avec la chaleur d'un homme qui fent vivement, mais toujours fans paffions ; je ne dirai d'injures à qui que ce foit, parce que l'art facile pour beaucoup de monde, d'être méchant par réflexion, m'eft abfolument inconnu : celui qui ne veut que le bien, qui n'aime que la vérité, n'a pas befoin de formes oratoires pour féduire, & tout fyftême qui n'a pas uniquement pour but de faire prévaloir la juftice & la raifon, doit lui paroître odieux.

L'opinion que je me propofe principalement de combattre, eft celle de *Salles*, dont le réfultat eft, que la Convention nationale prononce fur le fait, en déclarant que Louis eft ou n'eft pas coupable, & qu'elle renvoie enfuite aux affemblées primaires l'examen & la folution de la queftion politique.

Les moyens que je vais développer contre cette opinion feront fouvent communs, au fyftême de *Buzot* & autres qui, à la différence de *Salles*, penfent que la Convention nationale doit également prononcer & fur le fait, & fur l'application de la peine ; mais à la charge de l'appel du jugement au peuple.

Lorfque j'ai entendu *Salles*, & après lui plufieurs autres de mes collègues, dire qu'il falloit prononcer fur le fait, & renvoyer aux affemblées primaires l'examen de *la queftion politique*, je me fuis bonnement demandé à moi-même : mais, que veulent donc dire les opinans par ces mots : *renvoyer l'examen de la queſtion politique* ? S'agit-il effectivement ici d'une queſtion purement politique, ou bien ſeulement d'un jugement à prononcer ſur un individu ?

Une queſtion politique ne peut porter en général que ſur les choſes ; pourquoi donc en préſenter la ſolution comme objet unique de délibération dans un procès où le ſort d'un homme tient le premier rang ? Eſt-ce parce que cet homme fut roi ?

Mais ſi, par cette raiſon, la politique ſe trouve liée en effet à la diſcuſſion qui nous occupe, au moins conviendra-t-on que ce n'eſt qu'indirectement, ſous le ſeul rapport des formes à ſuivre, des précautions à prendre, & des meſures à garder ; il y aura, ſi l'on veut, dans cette affaire examinée par des juges, hommes d'état, des conſidérations extraordinaires & majeures, qui pourront influer ſur le jugement. La politique pourra vous dire qu'il eſt de l'intérêt de la République de tempérer la rigueur de la loi : la juſtice pourra vous défendre de compoſer ainſi avec les principes, & vous preſcrira d'être inflexibles comme elle. Vous examinerez dans votre ſageſſe & dans votre conſcience, qu'elle eſt celle des deux, de la politique ou de la juſtice, qui doit l'emporter

Vous les accorderez enfemble dans votre déter-
mination, fi vous le pouvez ; mais toujours eft-
il qu'au fond vous n'aurez qu'un homme à juger.
Pourquoi donc, encore une fois, cette affectation,
de ne préfenter définitivement à réfoudre qu'une
fimple queftion politique ? C'eft qu'on a bien fenti
que s'il étoit facile de faire concevoir que des
affemblées primaires pourroient s'occuper d'une
queftion politique, qui ne s'entend en général que
des grands intérêts de l'état, il ne le feroit pas
autant de perfuader que les affemblées primaires
pourroient recevoir de leurs délégués la miffion
de fe former en tribunaux, pour déterminer &
appliquer la peine encourue par un criminel ; &
voilà pourquoi l'on s'eft difpenfé de prononcer
le mot de jugement, le feul qui convenoit, &
qu'on a cru au contraire devoir employer exclu-
fivement des expreffions vagues qui puffent faire
prendre le change fur la nature & le véritable
état de la queftion.

Les affemblées primaires conftituées en corps
judiciaires, & par qui ! par une convention que
les affemblées primaires ont elles-mêmes créée. Le
peuple, au lieu de déléguer l'exercice précaire de
fes droits, aura donc aliéné dans vos mains fa
fouveraineté ? Nous ne fommes donc plus fous le
le régime d'une repréfentation fubordonnée, mais

bien fous celui d'un defpotifme fénatorial ? Qu'aura donc gagné le peuple à cette nouvelle révolution, s'il n'a fait que changer de maîtres ? Citoyens, vous avez reçu de grands pouvoirs, mais vous n'avez pas reçu celui de placer les créatures audeffus du créateur. Rappellez vous que ce pouvoir eft, par fa nature, incommuniquable, & que vous avez vous-mêmes prononcé la peine de mort contre quiconque oferoit tenter de l'ufurper.

Mais, dit-on, bien loin que le renvoi aux affemblées primaires foit attentatoire à la fouveraineté du peuple, c'eft, au contraire, un hommage qu'on lui rend ; c'eft par refpect, par déférence pour cette fouveraineté qu'on veut que ce foit elle qui prononce fur le fort de Louis.

Par refpect, par déférence ! C'eft bien ainfi que, par une tactique de mots, on parvient plus fûrement à frapper fur les chofes ; c'eft bien ainfi qu'on peut efpérer d'induire plus facilement le peuple en erreur, de le difpofer à porter lui-même atteinte à fes droits les plus facrés, à reconnoître un pouvoir ufurpateur & à adopter d'avance la conftitution qu'on veut lui donner.

Mais où donc eft-elle cette déférence pour la fouveraineté du peuple ?

S'il s'agiffoit d'une loi conftitutionnelle, fans doute, il faudroit en renvoyer l'examen, & la

fanction au peuple, parce qu'une loi conftitutionnelle, étant par fa nature, un contrat paffé entre
tous les membres du corps focial ; il eft dans
l'ordre de chofes & de la juftice que ce contrat
foit l'ouvrage de toutes les parties intéreffées.

Je penferois différemment, s'il étoit queftion
d'une loi ordinaire, qui, à mon avis ne doit
être foumife, pour l'intérêt du peuple, & la fta-
bilité du gouvernement, qu'à un *veto* d'opinion fur
lequel je m'expliquerai quand il fera temps.

Mais il ne s'agit pas ici, ni d'une loi conftitutionnelle, ni d'une loi ordinaire, mais feulement
de renvoyer au peuple le jugement de Louis.

Or, je foutiens que ce renvoi eft impratiqua-
ble dans les principes comme dans l'exécution.

Dans les principes, les affemblées primaires ne
peuvent pas être transformées en tribunaux, parce
que les tribunaux font des autorités conftituées,
& que les affemblées primaires font pouvoir
conftituant.

Le peuple lui-même, quoique fouverain, ne
pourroit pas ériger les affemblées primaires en
tribunaux, parce que le peuple dans une fociété
établie, ne peut pas faire que le pouvoir fuprême
devienne l'autorité créée ; on a déjà cité à ce
fujet l'opinion de Rouffeau, je la rappelle, parce
que cette opinion eft un principe.

On vous a dit que tous les actes du corps des repréfentans du peuple étoient des actes de tyrannie, s'ils n'étoient pas foumis à la fanction, ou formelle ou tacite.

Que les actes qui exigeoient la fanction formelle étoient ceux qui tenoient à la conftitution, ou dont l'exécution provifoire étoit irréparable, comme il arriveroit, par exemple, dans le cas où Louis jugé à mort, feroit de fuite exécuté.

Que les actes auxquels la fanction tacite fuffifoit, étoient les loix ordinaires, dont l'exécution provifoire n'emportoit aucun inconvénient, & contre lefquelles le fouverain étoit toujours à temps de réclamer.

Je fuis bien loin de contefter ce principe facré que les loix conftitutionnelles doivent être foumifes à la fanction formelle du peuple ; on fe rappellera, à cet égard, ce que j'ai dit dans les premiers jours de notre feffion : *Qu'il ne pouvoit y avoir de conftitution, que celle qui feroit librement acceptée par le peuple, dans fes affemblées primaires.*

Je fuis bien loin auffi de penfer que les loix ordinaires n'aient pas befoin d'une fanction tacite. J'ai déjà exprimé plus haut mon opinion à ce fujet.

Mais ceux qui ont développé ces vérités, que perfonne ne contefte, n'ont pas dit que les repréfentans du peuple pouvoient être inveftis de plufieurs fortes de pouvoirs ; qu'à celui de faire des loix, ils pouvoient réunir, dans certains cas, celui de les appliquer, & même de les faire exécuter ; c'eft ce qui arrive par exemple, quand le corps légiflatif porte des décrets d'accufation, qu'il nomme dans fon fein deux de fes membres pour en fuivre l'effet ; quand il donne immédiatement l'ordre d'arrêter des citoyens, de les traduire à fa barre ; quand il fufpend des fonctionnaires, qu'il annulle des arrêtés, qu'il caffe des adminiftrations, &c. Ils n'ont pas dit un mot, fur-tout, de la grande différence qu'il y a entre un corps légiflatif, dont le pouvoir eft effentiellement fubordonné aux règles & aux principes d'une conftitution déjà faite & acceptée, & une convention nationale révolutionnaire, formée des divers élémens de toutes les autorités qui peuvent exifter dans un état, & qui n'a devant elle d'autre loi à confulter & à fuivre, *que la loi fuprême du falut du peuple.*

Lorfque dans la mémorable journée du 10 août, le peuple a brifé les liens du gouvernement oppreffeur fous lequel il vivoit, qu'a-t-il voulu ? une nouvelle révolution. Quand il a appelé une convention nationale, à laquelle il a donné des pouvoirs illimités, qu'a-t-il entendu ? que cette convention nationale jugeât & fît punir légalement le tyran que le peuple avoit bien jugé lui-même dans ſa ſainte inſurrection, mais dont il avoit réſervé la tête au glaive de la loi, qu'elle s'occupât du projet d'un nouveau pacte ſocial, fondé ſur les droits impreſcriptibles de l'homme, qu'elle fit des loix utiles, & qu'elle prit par toutes les voies légiſlatives, judiciaires, diplomatiques, adminiſtratives, politiques & autres, que le pouvoir révolutionnaire dont elle étoit revêtue, l'autoriſoit à employer, les différentes meſures de ſûreté générale que les circonſtances lui paraîtroient exiger.

Ainſi, les pouvoirs de la convention nationale ſe diviſent naturellemant en trois ſortes : 1º. le pouvoir conſtituant, dont l'effet eſt & doit être borné à la ſimple faculté de préſenter un projet de conſtitution.

Le pouvoir légiſlatif, qui ne s'entend que du droit de faire des loix ordinaires ;

Et le pouvoir révolutionnaire, qui ne peut avoir de limites que celles de l'injuſtice ; car puiſque le peuple a voulù une révolution, il a dû remettre néceſſairement aux délégués qu'il a chargés de l'opérer, tous les moyens propres à la conduire à ſa fin.

Maintenant il eſt facile de s'entendre ſur les queſtions de la ſanction.

Tout ce que nous ferons comme corps conſtitution, c'eſt à-dire, comme pouvoir chargé de proposer une constitution, devra être soumis à la sanction formelle du peuple.

Tout ce que nous ferons comme corps législatif sera sujet à la sanction tacite.

Et toutes les mesures de sûreté générale que nous prendrons, soit dans le procès de Louis, soit dans toute autre occasion, *comme puissance révolutionnaire*, n'auront besoin d'aucune sorte d'acceptation, sans quoi cette puissance que le peuple nous a bien conférée, puisqu'il a voulu une révolution, & dont nous nous sommes déclarés expressément investis par notre décret du 15 décembre dernier, deviendroit évidemment illusoire.

Si l'opinion de soumettre indistinctement tous les actes du corps des représentans, à la sanction du peuple ; si cette opinion, présentée & développée avec une éloquence si perfide, étoit suivie, tous les décrets d'accusation que vous portez, seroient donc aussi sujets à la sanction du peuple, par cela seul qu'ils émanent du corps des représentans ? Tous les criminels de lèse-nation, sur lesquels frapperoient ces décrets, pourroient donc, après que vous auriez prononcé, invoquer l'appel au peuple, & résister à votre autorité, jusqu'à ce que le souverain se fût expliqué ? Les prêtres perturbateurs, que vous avez si sagement expulsés du territoire de la république, les émigrés pris les armes à la main, que vous avez condamnés à perdre la vie dans les vingt-quatre heures, les ci-devant princes, les Calonne, les Bouillé, les Broglie, les Lafayette, & tant d'autres scélérats proscrits, auxquels il n'a pas tenu que la France ne devînt un vaste cimetière, pourroient donc aussi, avec ce mot d'appel au peuple, si charitablement trouvé pour eux, se jouer insolemment de vos décrets, & vous braver en face, tant que vos mesures subalternes ne seroient pas confirmées ?

Citoyens, je ne prétends offenser ici les intentions de personne ; mais je soutiens que l'avis de l'appel au peuple, qui enlève à la convention toute sa consistance politique, est l'avis le plus ingénieux qu'on pût imaginer pour avilir & détruire la représentation nationale, pour sauver tous les conspirateurs, & pour nous ramener à l'esclavage par la guerre civile & l'anarchie.

Mais si les décrets, sur-tout, dont l'exécution provisoire est irréparable, doivent être formellement sanctionnés par le peuple, nous serions tous ici de bien grands coupables, d'avoir laissé périr les émigrés déjà pris les armes à la main ; & nous le devendrions bien davantage encore ; si nous souffrions que cette loi de mort continuât d'être exécutée, & contre les émigrés, & contre ceux qui oseroient proposer de rétablir la royauté, avant qu'il eût été ftatué, par le peuple, fur le nouveau genre d'appel *à minimâ*, que l'humanité compâtiffante de l'orateur qui a fi chaudement & fi extraordinairement parlé du droit de fanction, n'a imaginé pourtant d'introduire que, l'orfqu'il a été queftion du fort de fon ci-devant roi, c'eft - à - dire, du fort d'*un criminel de naiffanee*, d'un ennemi par nature, de la liberté du chef de nos affaffins, de l'homme du monde le plus faux, le plus vil & le plus coupable.

Je ne vois pas, citoyens, qu'il me refte antre chofe à dire, pour prouver qu'en principes le renvoi aux affemblées primaires, ou l'appel au peuple, font impraticables ; j'ai dit que, dans l'exé-cution, ils l'étoient également, & je vais l'établir.

Les affemblées primaires, dans le fyftême que je combats, doivent juger Louis, & déterminer la peine qu'il aura méritée.

Mais, comment les affemblées jugeront-elles ? fera-ce par délibération collective ? fera-ce par fcru-tin fecret ? fera-ce par appel nominal ? ferez-vous encore, à cet égard, la loi au fouverain ?

Que ce foit par délibération collective, que ce foit par fcrutin fecret, que ce foit par appel nomi-nal, Louis n'aura-t-il pas le droit de demander de paroître devant fes juges d'appel, pour donner fes moyens fur le mode de fon jugement ? Vous fentez, citoyens, que ce mode ne peut pas lui être indifférent ; qu'il lui importe beaucoup de prouver que sa vie ne doit pas être soumise à la légèreté d'une délibération collective, aux inconvéniens d'un scrutin secret, & que, dans le cas d'un appel nominal, il sera de son intérêt de faire décider préalablement sur la proportion des voix qui devront déterminer sa condamnation, sur la manière de les recueillir, & sur celle d'en faire le recensement général.

Et quand le moment de prononcer définitivement sera arrivé, paisque les assemblées primaires doivent déterminer la peine, prononceront-elles sans avoir vu les pièces, sans avoir entendu l'accusé, sans l'avoir interrogé, sans l'avoir observé, & sans avoir suivi ses divers mouvemens, si propres à déterminer la conviction intime de ses juges ?

Enfin, quand les assemblées primaires auront prononcé, Louis ne pourroit-il pas vous dire : vous m'aviez donné, sans que je l'eusse demandé, tous les François pour juges, & cependant je ne suis jugé que par une partie ; les citoyens du département de la Corse, ceux de nos colonies, ceux qui sont aux armées, n'ont pas été appelés ; je demande qu'ils le soient ; & que l'on prononce de nouveau sur mon sort.

Je n'ai pas pu, diroit-il, dans le secret de son ame, allumer une première fois le feu de la guerre civile, profitons du fecond moyen qui me refte ; faifons une nouvelle tentative : je fais bien que ma tête tombera, la juftice éternelle m'en avertit ; mais n'aurai-je pas de quoi m'en confoler, fi de nouveaux maffacres viennent repaître mes derniers regards avides de fang, & fi le jour, où je ne ferai plus, eft celui de l'afferviffement des françois.

C'eft à vous, citoyens, à pefer dans votre fageffe ces différentes confidérations, & à juger fi vous devez fonger au renvoi, ou à l'appel qu'on vous propofe ; quant à moi, qui ne m'abufe ni fur le préfent, ni fur l'avenir, je penfe que fi vous adoptez l'un ou l'autre de ces deux moyens, c'eft le culte de la royauté que vous rétabliffez ; c'eft fon idole que vous allez faire encenfer ; c'eft le defpotifme que vous recréez ; c'eft le tombeau de la liberté que vous creufez.

Mais, a-t-on dit, la convention nationale, en prenant fur elle le jugement de Louis, encourt une refponfabilité effrayante, foit qu'elle le condamne à mort, foit qu'elle l'abfolve.

Si elle le juge à mort, toutes les puiffances couronnées du monde, tous nos ennemis du dehors & du dedans, vont redoubler d'efforts, & former contre nous une ligue épouvantable, dont cette condamnation fera le prétexte.

Si elle le fauve, il eft poffible que le peuple irrité

fe

fe foulève, & que des infurrections fanglantes foient
la fuite de ce jugement.

La convention, pour être prudente, n'a donc
rien de mieux à faire, qu'à renvoyer au peuple;
car, ou le peuple veut la mort de Louis, ou il
ne la veut pas; s'il l'a veut, il la prononcera lui-
même, & quelque chofe qui en arrive, il n'aura de
reproches à faire à perfonne : s'il ne la veut pas,
il l'abfoudra, &, dans ce cas encore, il ne pourra
pas taxer la convention d'injuftice.

C'eft donc moins par principes de politique &
de morale, qu'on veut fe difpenfer de juger Louis,
que par un fentiment de crainte, fondé fur des
événemens incertains ?

Et que nous importe, à nous, cette refponfabilité dont on nous menace, fi, dans la décifion
que nous allons porter, nous ne fommes que juftes,
& fi nous n'excédons pas les pouvoirs que nous
avons reçus ? Le légiflateur, dont l'ame n'eft pas
affez forte pour braver, dans l'exercice de fes de-
voirs, toute efpèce de danger, n'eft pas digne de
repréfenter un peuple libre, & de coopérer au
bonheur des humains. Que la nation foit ingrate,
fi elle le veut, fauvons-la toujours, on ne fauroit
nous ravir le témoignage de notre confcience; &
s'il étoit parmi nous un homme à qui cette récom-

B

penſe ne ſuffît pas , qu'il ſe retire , ſa place n'eſt point ici.

On nous parle d'une coalition de rois , & de tous les ennemis de la liberté ; l'exemple de juſtice que nous donnerons à l'univers, va exciter, dit-on, leur haîne , allumer leur fureur , & devenir le ſignal d'une guerre éternelle contre la France.

Mais cette coalition , dont on cherche à nous effrayer, n'exiſte-elle pas déjà ? quels ſont les moyens que nos ennemis n'aient pas employés ? Quels ſont les efforts qui leur reſtent à faire ? Leur rage n'eſt-elle pas , depuis long-temps , à ſon comble ? Et quel crime plus grand pouvions - nous commettre aux yeux des deſpotes, que de proclamer l'indé-pendance des nations ? Républicains ! ce n'eſt pas à nous à nous laiſſer frapper de terreur ; la déclara-tion des droits , voilà notre unique traité de politique & l'arme de nos victoires. Qu'ils s'avancent les tyrans, les peuples ſont-debout ; ils feront juſtes dans leur vengeance , mais inexorables comme les dieux.

Conteſtera-t-on que le peuple nous ait donné matériellement des pouvoirs ſuffiſans pour juger Louis ? Hé bien , en voici la preuve.

Louis Capet , pris en flagrant délit le 10 août , ſuſpendu de ſes fonctions, & conſtitué priſonnier d'état par l'affemhlée légiflative, a été dénoncé au peuple ; il falloit le juger.

Louis, qui réuniffoit fur fa tête le fecond pouvoir fuprême, ne pouvoit pas plus être jugé par les autorités conftituées, qui lui étoient fubordonnées, que le peuplè, confidéré comme fouverain, pourroit l'être par nous ; il ne pouvoit, il ne devoit l'être que par un tribunal national fupérieur.

Ce tribunal a été formé par le fouverain, c'eft la convention.

Ce n'eft pas, dit-on, ce qui eft exprimé dans vos pouvoirs.

Et non, fans doute, cette miflion particulière n'y eft pas exprimée. Mais pourquoi cela ? C'eft que nos pouvoirs font illimités, & qu'on a penfé, avec beaucoup de raifon, qu'il étoit inutile de s'expliquer fur la partie, quand le tout étoit accordé.

Mais, quel eft celui d'entre nous, citoyens, qui, voulant être de bonne foi, oferoit difconvenir d'avoir reçu, en effet, la miffion de juger Louis ? Ne l'a-t-on pas dit hautement dans les affemblées électorales ; & fi l'on s'eft difpenfé de l'exprimer, n'eft-ce pas par la raifon que j'ai déjà donnée, que les pouvoirs étoient illimités ?

Enfin, quand on examine de près tout ce qui s'eft paffé dans les temps ; quand on réfléchit fur l'invitation de l'affemblée légiflative, qu'on confidère la fuſpenſion de Louis, & ſon état d'arreſtation, il eſt impoſſible de ne pas être convaincus que ſon jugement a été l'occaſion première de notre convocation.

Après ces explications, qui ne laiſſent, je crois, aucun doute, je ferai encore aux partiſans du renvoi aux aſſemblées primaires, un diléme auquel je les invite à répondre.

Ou le peuple en nous envoyant ici a voulu que nous nous occupaſſions de l'affaire de Louis, ou il ne l'a pas voulu.

S'il l'a voulu, nous devons répondre à ſon vœu, & exécuter ſa volonté pleinement, ſans renvoi & ſans appel, car il ne nous a preſcrit ni l'un ni l'autre ; il nous a donné, au contraire, des pouvoirs indéfinis. S'il ne l'a pas voulu, de quel droit avons-nous pris connoiſſance de cette cauſe ? Pourquoi l'avons-nous inſtruite ? Pourquoi prononcerions-nous ſur le fait, comme l'a demandé *Salles ?* Et pourquoi jugerions-nous au fond ſauf l'appel, comme l'a demandé *Buzot ?*

Quand la convention a décidé que Louis ſeroitjugé, & qu'il ſeroit jugé par elle, n'a-t-elle pas reconnu ſolemnellement qu'elle avoit un pouvoir *ad hoc ?* Louis lui-même ne vous a-t-il pas reconnu pour ſes ſeuls juges ? S'eſt-il occupé du renvoi aux aſſemblées primaires, ou de ppel au peuple ? Croyez-vous que fi fes confeils euffent trouvé la plus légère apparence de fondement dans un incident de ce genre, ils euffent négligé de l'élever.

Le peuple ne pouvoit pas attribuer aux affemblées primaires le jugement de première inftance, ni leur réferver le jugement d'appel, puifqu'en aucuns cas les affemblées primaires ne peuvent être transformées en tribunaux; il a fait ce qu'il avoit droit de faire; il nous a appelés pour juger; il n'a pas mis de bornes à nos pouvoirs; il n'a pas créé de tribunal d'appel; il a donc voulu que nous jugeaffions en dernier reffort. Nous nous fommes, en effet, déclarés juges. Louis a paru à la barre; nous l'avons entendu : il n'a pas ré- clamé : nous fommes donc, & par les principes, & par nos pouvoirs, & par notre décret, & par le confentement libre de Louis, feuls juges com- pétens dans cette affaire.

Je vous ai prouvé que le jugement de Louis ne pouvoit pas être envoyé aux affemblées pri- maires; qu'il ne pouvoit pas y avoir lieu à l'appel au peuple, que vous feuls deviez juger.

Maintenant je dirai que le renvoi aux affem- blées primaires, ou l'appel au peuple, préfentent des dangers fi grands, des inconvéniens fi graves, que quand il n'y auroit pas d'autres raifons, il faudroit les éviter.

Convoquer les assemblées primaires dans cette circonstance, c'est exciter, au sein de la république, & pour un homme qu'on sait bien être la cause d'une division existante, un grand mouvement qui ne peut avoir que les suites les plus funestes : c'est alimenter les haines & les passions : c'est mettre aux prises la royauté avec la république : c'est engager un combat à mort entre le patriotisme & l'aristocratie : c'est livrer la liberté aux poignards de ses assassins ; c'est décréter la guerre civile, & nous conduire légalement à l'anarchie : ceux qui voteront pour Louis, provoqueront & seront provoqués par ceux qui voteront contre ; la seule différence d'opinion, pourra former l'esprit de parti, & établir une lutte sanglante entre les individus, les communes, les districts, les départemens. La république qui ne doit être qu'une, va infailliblement se diviser : la France, ce vaste & superbe pays qui semble être l'enfant de prédilection de la nature, se déchirera, se perdra par elle-même : & si le système désastreux du fédéralisme qu'on ne perd pas un instant de vue, ne prévaut pas, la France deviendra, par notre faute, la proie du premier brigand qui saura nous enchaîner.

Voilà, citoyens, voilà la responsabilité qui doit sérieusement nous effrayer ; ce n'est pas nous seulement qu'elle expose, c'est la nation entière ; &

qui de nous oferoit balancer un inftant fes intérêts perfonnels avec ceux de la nation ?

Ne vous le diffimulez pas, citoyens, les *amis*, les *confeillers*, les *défenfeurs officieux* de Louis & de la royauté, les intrigans de tous les genres, feront en majorité dans les affemblées primaires, comme ils le font ailleurs. C'eft l'effet inévitable des circonftances malheureufes dans lefquelles nous nous trouvons : l'opinion préparée de long-temps de tant de manières, égarée par tant de moyens, achetée, corrompue à fi grands frais, fuivra partout les ennemis de la liberté. Elle leur fervira d'égide, & attachera à leur faction tous les hommes fans caractère, qui ne voient le bien que là où eft le plus grand nombre. Les féances feront prolongées : on les éternifera par mille incidens, tout exprès pour en bannir le paifible cultivateur, le vertueux artifan, & tous les citoyens bien intentionnés, qui ont befoin de leur journée pour vivre, afin que les ci-devant nobles, les prêtres, les gros négocians, les gens de palais, les bourgeois, les riches propriétaires & tous les autres malveillans ou imbéciles adorateurs de l'idole que vous avez abattue, fe trouvent feuls à la délibération qui abfoudra le tyran.

Ces deux décrets fublimes *d'abolition de la royauté & d'établiffement de la république*, qui

vous avoient rendus fi grands aux yeux de l'univers,
qui avoient ébranlés tous les trônes, épouvantés
tous les defpotes & confolés les peuples de tant
de fiècles d'oppreffion, feront, je le garantirois,
mis en queftion : les calomnies les plus atroces
feront répétées contre les hommes les plus purs,
qu'on affectera de confondre fous une même dé-
fignation avec des individus mal-fâmés, pour avoir
le droit de les perdre dans l'opinion publique,
& de les outrager impunément.

Les propofitions de force armée d'ambulance
de la convention nationale, d'anéantiffement de
la libre communication des penfées, & tant d'autres qui ont déjà été mifes en avant feront re-
produites, difcutées & délibérées.

Citoyens, à dieu ne plaife que je veuille pré-
tendre ou même infinuer que le defpotifme ait
ici des agens ; mais ce que je fais bien, ce qui
m'afflige, ce qui me défefpère, ce qui me tue,
c'eft que la mefure du renvoi aux affemblées primaires, ou de l'appel au peuple eft, de toutes
celles que la politique la plus profonde, la plus
fubtile, la plus rafinée des defpotes pût concevoir,
la plus certaine pour nous perdre. Ils favent bien,
les fcélérats, que nulle puiffance au monde ne
pourra nous vaincre fi nous reftons unis : c'eft
donc à nous armer les uns contre les autres qu'ils

doivent s'attacher : c'eſt donc par nos propres mains qu'ils doivent chercher à nous déchirer & à opérer notre ruine : prenez-là, citoyens, cette meſure, & vous ſervez les ennemis de la France, mieux que ne les ſerviroient toutes leurs armées : vous devenez la *providence* des tyrans, & vous perdez en un jour tous les droits que vous aviez acquis à la reconnoiſſance des peuples : vous vous aviliſſez, vous vous anéantiſſez ſans reſſource : je ne vois plus ici de convention nationale, je n'y vois plus qu'un aſſemblage d'hommes puſillanimes, ſans force, ſans caractère, ſans énergie, que bientôt la confiance & la conſidération publiques abandonneront, & qui ceſſeront dès-lors de former, dans l'état, ce centre, ce point de ralliement politique ſi néceſſaire à l'exiſtence du corps ſocial, & au bonheur des individus. Et je le déclare, citoyens, avec le courage & la franchiſe d'un républicain qui jouit de tout le calme de ſa conſcience, ſi je n'avois pas juré de mourir plutôt que de quitter mon poſte, le jour où ce décret de renvoi aux aſſemblées primaires, ou d'appel au peuple ſeroit porté, je ceſſerois d'appartenir à cette aſſemblée, qui ſous le rapport de ſa foibleſſe, ne ſeroit plus à mes yeux qu'un fléau pour ma patrie.

CONCLUSION.

J'invoque la question préalable sur toutes propositions de renvoi aux assemblées primaires, d'appel au peuple, & autres qui tendroient à dépouiller la convention nationale du droit de prononcer exclusivement, & en dernier ressort, sur le procès de Louis, & je demande qu'on mette successivement aux voix les deux questions suivantes :

1°. Louis Capet est-il coupable de haute-trahison envers la patrie ?

2°. Si Louis est coupable, qu'elle peine a-t-il méritée ?

EXTRAIT DU PROCÈS-VERBAL.

La société a arrété, dans sa séance du 6 janvier 1793, l'impression & l'envoi de l'opinion ci-jointe, aux sociétés avec qui elle fraternise.

MONESTIER, *député, président.*

F. DESFIEUX, *vice-président.*

BOURDON, CHALLES, DROUET, *députés,* LAFAYE, MITTIÉ, fils, AUVREST, *secrétaires.*

De l'Imprimerie de L. POTIER DE LILLE, imprimeur rue Favart, N°. 5.

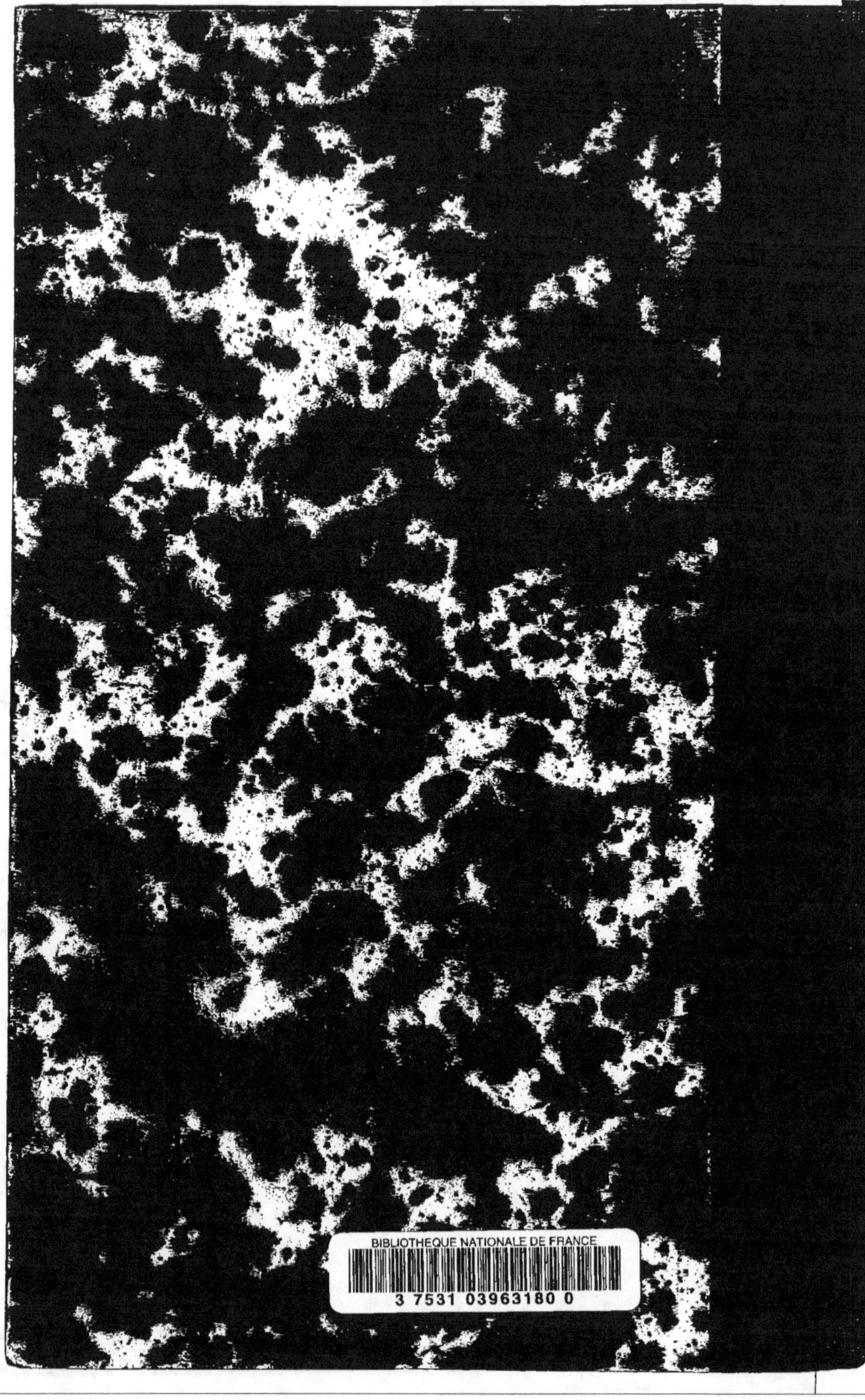